Je ne suis plus un gamin Papa

Mwen Finn Grandi Nèt Papa

ÉCRIT PAR
Claude Louis

ILLUSTRÉ PAR
Junior Michel

Je Ne Suis Plus Un Gamin Papa/Mwen Finn Grandi Nèt Papa
Catégories/Kategori: Livres pour enfants/Liv timoun
Tranche d'âge/Laj: 5-9 ans
@Words In Action Publishing 2023

Tous droits réservés. Aucune reproduction de cet ouvrage, même partielle, quelque soit le procédé, impression, photocopie, microfilm et autre, n'est autorisée sans permission de l'auteur.

Tout dwa rezève. Pèsonn pa gen dwa repwodwi liv saa, ni okenn pati ladanl kèlke swa sete pou Enprime l', fotokopie l' pou mikrofim ou pa nenpòt lòt mwayen san otorizasyon ekri otè ya.

Auteur: Claude Louis
Illustrateur: Junior Michel
Publié en 2023

ISBN: 978-1-7378954-6-6 (hardcover)
ISBN: 978-1-7378954-7-3 (paperback)
ISBN: 978-1-7378954-8-0 (ebook)

Dédicace :

En mémoire de Grann et de mon père Léon Louis (Reposez en paix).

À mon frère Gabriel, ma mère et ma sœur.

À Manithe et Mélita qui m'ont nourri quand j'avais faim.

À mon professeur de français, Jean Gabriel Jules.

Tu es parti, j'étais encore en couches—Je n'avais qu'un mois, m'a confié Grann.

Maintenant, j'ai grandi et je cours après mon frère le long des quinze kilomètres en revenant du marché de Kenscoff.

Grann di'm ke lè ɯ te pati kite nou, m te nan kouchèt. M te genyen sèlman yon mwa.

Kounya, m tèlman grandi, m rive pakouri kenz kilomèt dèyè frè'm lan lè nou soti nan mache Kenskòf la.

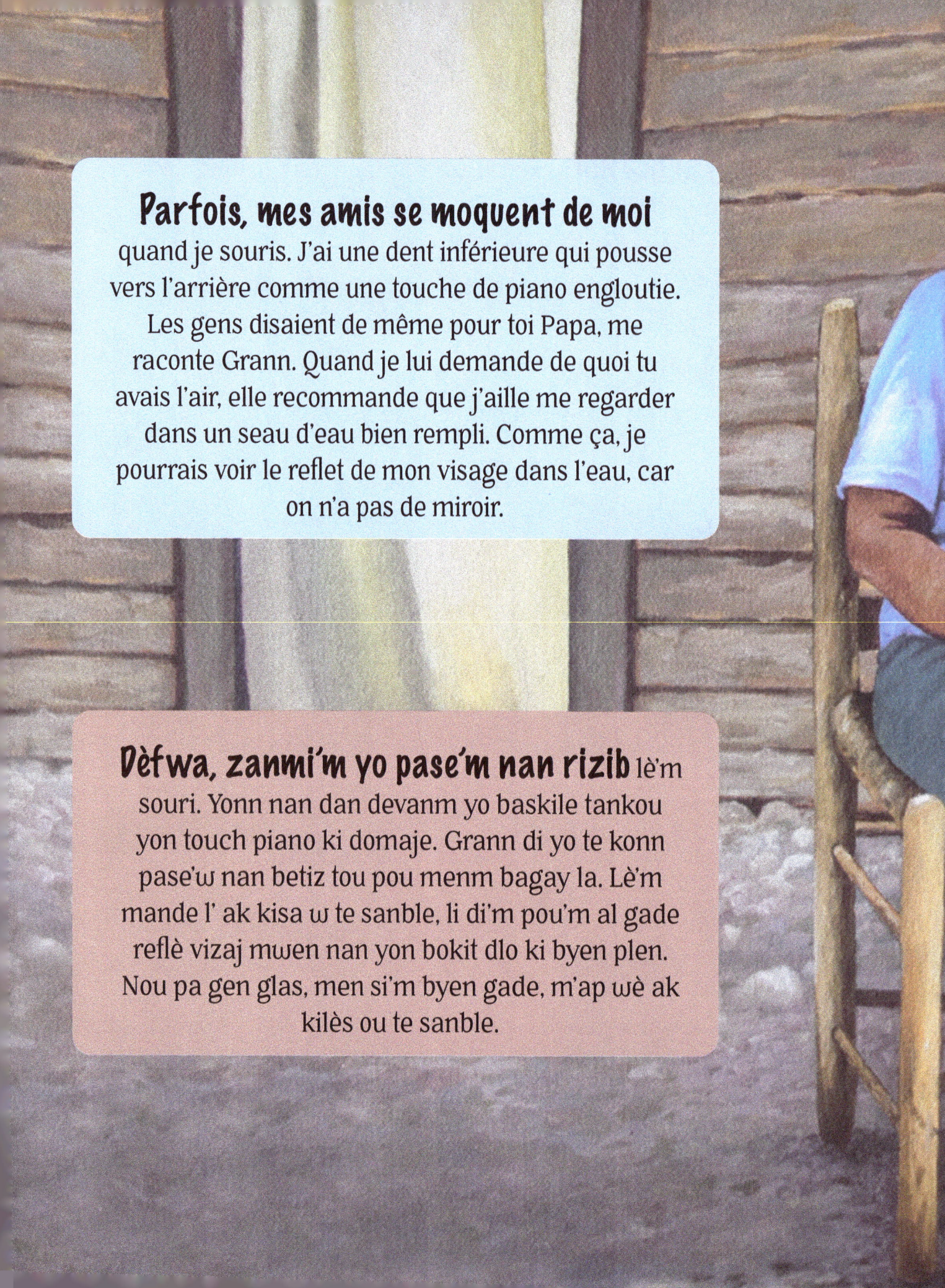

Parfois, mes amis se moquent de moi quand je souris. J'ai une dent inférieure qui pousse vers l'arrière comme une touche de piano engloutie. Les gens disaient de même pour toi Papa, me raconte Grann. Quand je lui demande de quoi tu avais l'air, elle recommande que j'aille me regarder dans un seau d'eau bien rempli. Comme ça, je pourrais voir le reflet de mon visage dans l'eau, car on n'a pas de miroir.

Dèfwa, zanmi'm yo pase'm nan rizib lè'm souri. Yonn nan dan devanm yo baskile tankou yon touch piano ki domaje. Grann di yo te konn pase'ω nan betiz tou pou menm bagay la. Lè'm mande l' ak kisa ω te sanble, li di'm pou'm al gade reflè vizaj mωen nan yon bokit dlo ki byen plen. Nou pa gen glas, men si'm byen gade, m'ap ωè ak kilès ou te sanble.

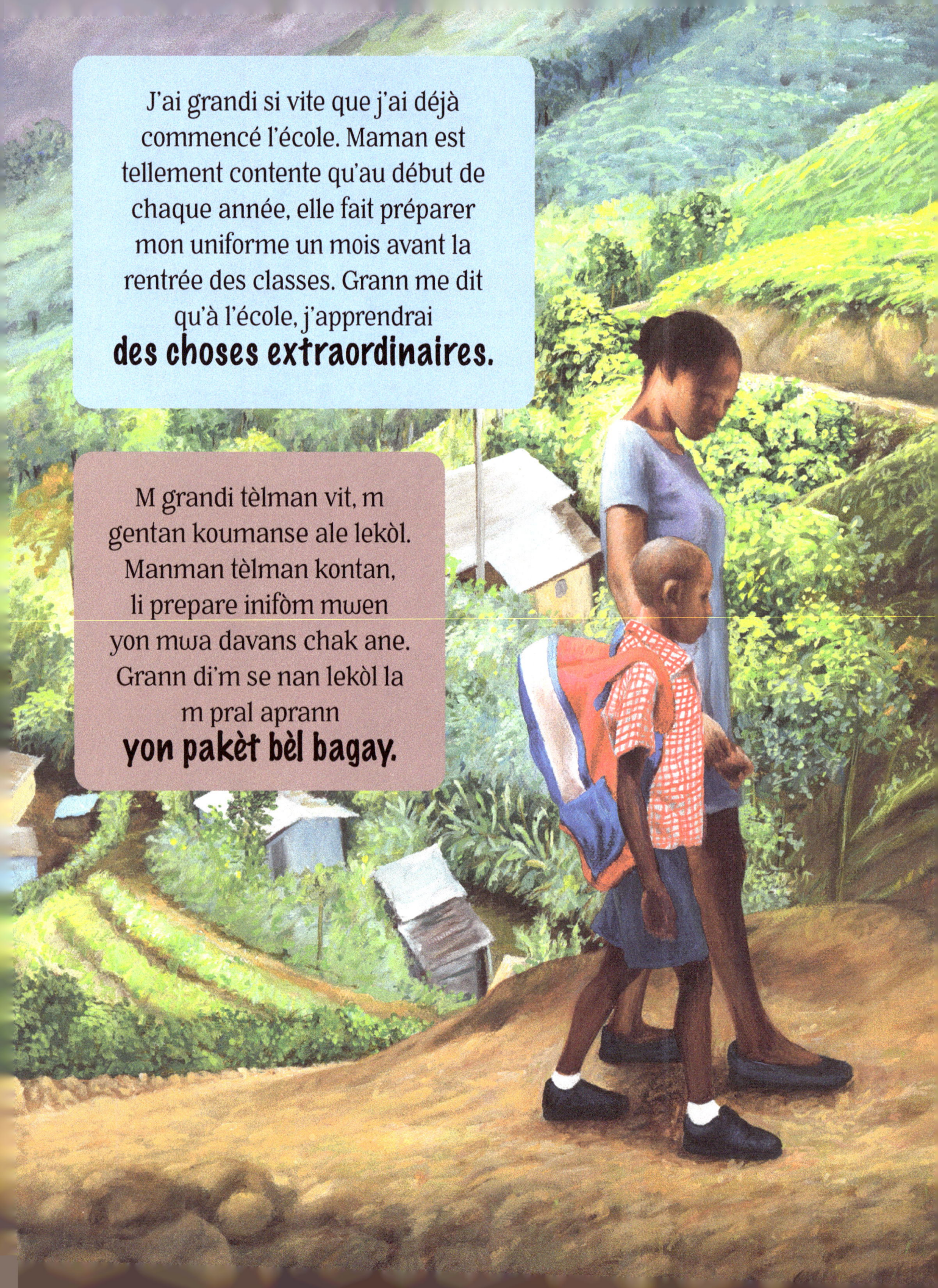

J'ai grandi si vite que j'ai déjà commencé l'école. Maman est tellement contente qu'au début de chaque année, elle fait préparer mon uniforme un mois avant la rentrée des classes. Grann me dit qu'à l'école, j'apprendrai **des choses extraordinaires.**

M grandi tèlman vit, m gentan koumanse ale lekòl. Manman tèlman kontan, li prepare inifòm mwen yon mwa davans chak ane. Grann di'm se nan lekòl la m pral aprann **yon pakèt bèl bagay.**

La nuit, mon frère Gabriel et moi, étudions à la **lumière des bougies** et de notre lampe à huile. Les yeux de Gabriel larmoient beaucoup à cause de la fumée. Nous n'avons pas toujours de quoi manger, mais nous avons malgré tout, beaucoup de force.

Lan nwit, frè m lan Gabriel avè'm, nou etidye ak **balèn** epi lanp tèt gridap. Zye Gabriel bay anpil dlo akoz lafimen yan. Se pa toutan nou gen ase manje pou nou manje men nou toujou kanpe byen djanm.

Gabriel et moi transportons les **légumes au marché,** donc on se lève de très tôt, avant même que le coq chante. Ces légumes permettent à notre famille de gagner un peu d'argent pour payer nos frais de scolarité.

Gabriel avèm leve bonè, avan menm ke kòk chante pou'n pote **legim ale nan mache ya.** Se ak lajan legim yo nou rive peye lekòl nou.

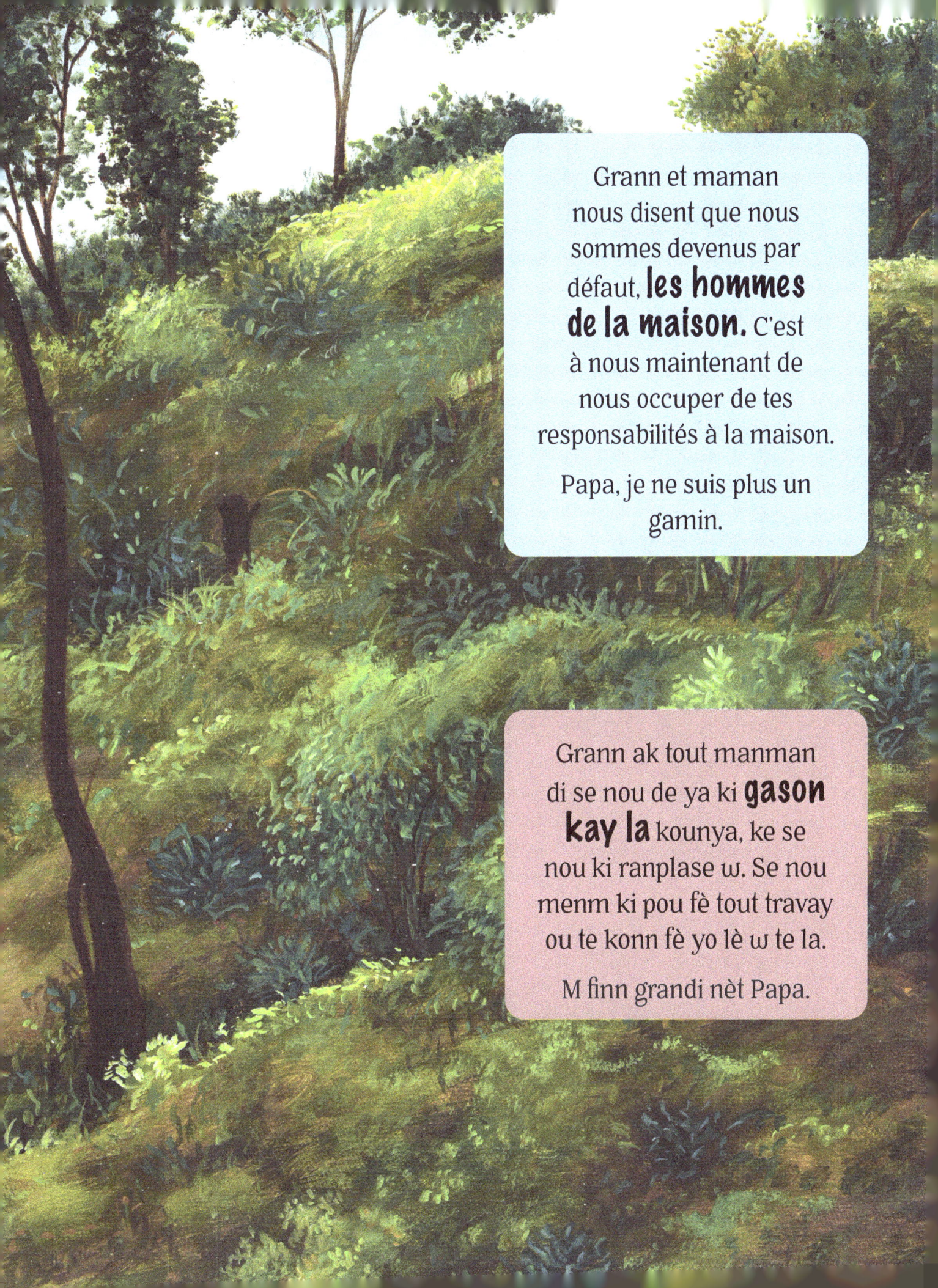

Grann et maman nous disent que nous sommes devenus par défaut, **les hommes de la maison.** C'est à nous maintenant de nous occuper de tes responsabilités à la maison.

Papa, je ne suis plus un gamin.

Grann ak tout manman di se nou de ya ki **gason kay la** kounya, ke se nou ki ranplase ɯ. Se nou menm ki pou fè tout travay ou te konn fè yo lè ɯ te la.

M finn grandi nèt Papa.

Gabriel et moi faisons **la course** chaque jour pour nous rendre à l'école. Quand nous parvenons au bas de la pente raide, nous ne nous sommes levé la tête qu'après avoir atteint le sommet.

Se **kous** mwen ak Gabriel fè le maten lè nou prale lekòl. Se lè nou finn moute gwo mòn nan, ke nou resi leve tèt nou.

L'Histoire est de loin ma matière préférée. Le professeur me choisit pour lire le prochain chapitre devant la classe. Aujourd'hui, j'ai appris que nous, **les Haïtiens, sommes les fils et filles des premiers combattants de la liberté.**

Se matyè Istwa mwen pi renmen lekòl la. Mèt la toujou pran'm chak maten pou'm li nouvo chapit la pou klas la. Jodi a, mwen aprann ke nou menm **Aysyen, nou se pitit premye ewo ki te goumen pou la libète.**

Grann me dit que dans mes veines, coule le **sang d'un guerrier**. Quand je lui demande d'expliquer, elle se met à sourire et me dit: "attends que tu grandisses un peu plus, petit garçon."

Grann di'm ke se **san gèrye** k'ap koule nan venn mwen. Lè'm mande'l pou'l eksplikem, li souri epi li di'm: "tann lè w vinn pi gran, ti gason."

La nuit dernière, Grann m'a dit que j'avais un **grand coeur,** juste comme toi Papa. Pourtant, il y a un garçon à l'école avec un gros coeur, par contre, il est toujours essoufflé et fatigué. Moi, je parcours quinze kilomètres avec des légumes sur la tête, et je cours la même distance en revenant à la maison. Je ne me suis jamais essoufflé, même avec un grand coeur.

Yè swa, Grann di'm ke mwen genyen yon **gran kè**, menm jan avèk ou, Papa. Tandiske genyen yon ti gason nan lekòl la doktè di ki genyen yon gwo kè ki fè'l toujou fatige, epi ap soufle anlè. Mwen menm, mwen pakouri kenz kilomèt ak legim sou tèt mwen e mwen refè menm pakou sila ap kouri lè m'ap tounen, m pa janm santi mwen pèdi souf.

En dessous de ces pierres lisses et ces longs arbres, nous sommes allés **chercher de l'eau fraiche** avant et après l'école pour toute notre famille, y compris Grann.

Anba gwo wòch swa ak gwo pye bwa sa yo, se la nou ale **chache dlo fre** pou tout moun nan kay la avek Grann sèvi. Nou ale le maten avan lekòl, epi nan aprè midi lè nou soti lekòl.

Nos bains froids, le matin, avant l'école, commencent par **une routine d'échauffement**. Au moment où la première écope d'eau touche ma peau, tout mon corps devient engourdi. Des fois, pour vaincre cette peur, nous prenons une respiration très profonde, puis rugissons comme deux petits lions, et d'un mouvement simultané, nous nous frappons l'un l'autre avec la première couche d'eau.

Pou nou benyen le maten ak dlo frèt la avan'n ale lekòl, nou **sote ponpe pou nou ka chofe kò-n**. Lè'm vide premye gode dlo wa sou mwen, tout kò'm angoudi nèt. Dèfwa, nou rale souf nou byen fò, nou pouse yon kri tankou de ti lyon epi ansanm, yonn voye premye gode dlo wa sou lòt la.

Durant le weekend, nous profitons pour aider maman **dans le jardin** avec les autres hommes qu'elle embauche. Au moins, c'est ce qu'elle a fait avant de se remarier.

Le wikenn, nou pwofite ede manman **nan jaden** avèk tout lòt mesye li peye pou fè travay pou li yo. Sete konsa li te konn fè'l avan li te remarye ya.

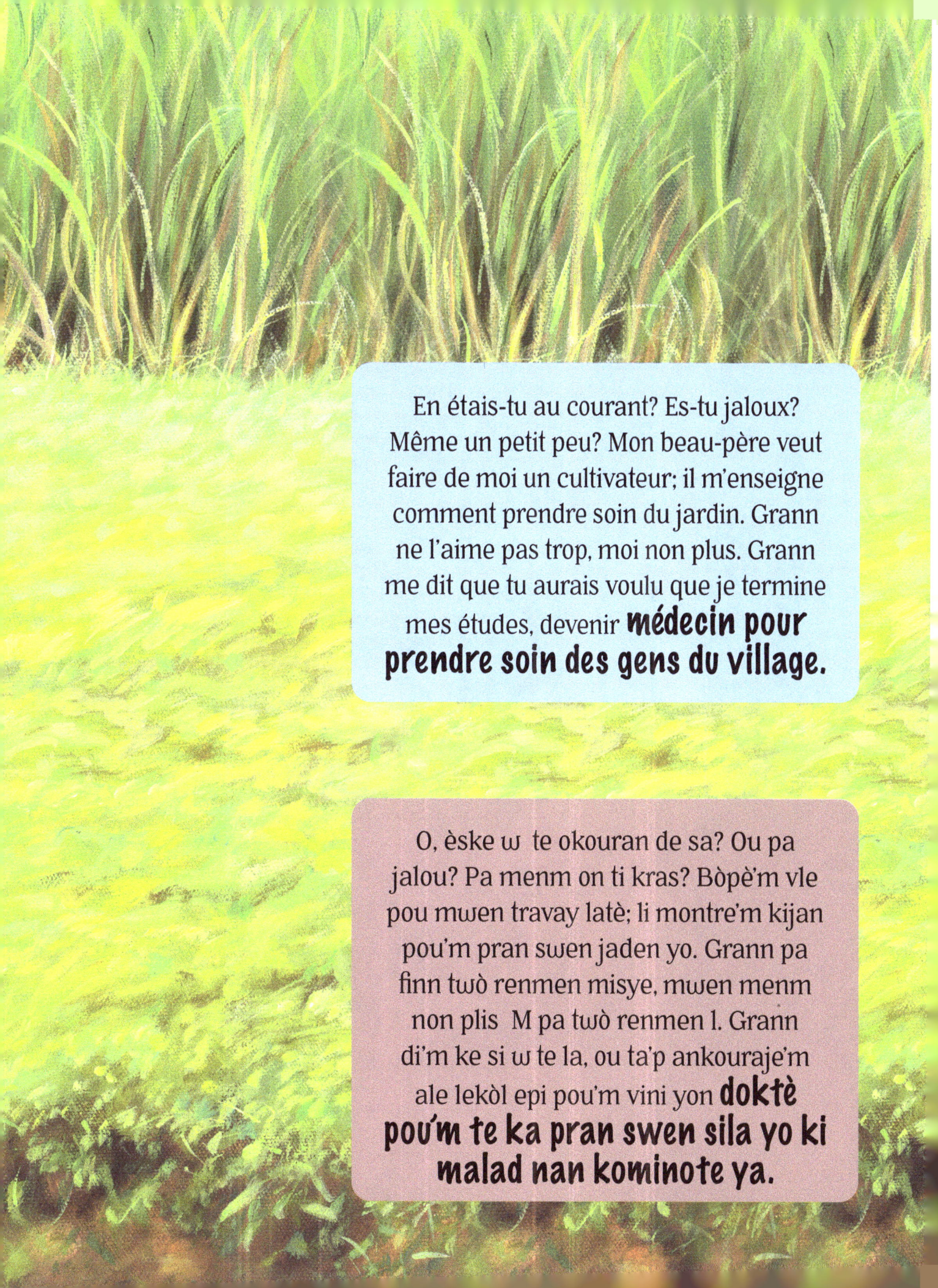

En étais-tu au courant? Es-tu jaloux? Même un petit peu? Mon beau-père veut faire de moi un cultivateur; il m'enseigne comment prendre soin du jardin. Grann ne l'aime pas trop, moi non plus. Grann me dit que tu aurais voulu que je termine mes études, devenir **médecin pour prendre soin des gens du village.**

O, èske ɯ te okouran de sa? Ou pa jalou? Pa menm on ti kras? Bòpè'm vle pou mwen travay latè; li montre'm kijan pou'm pran swen jaden yo. Grann pa finn twò renmen misye, mwen menm non plis M pa twò renmen l. Grann di'm ke si ɯ te la, ou ta'p ankouraje'm ale lekòl epi pou'm vini yon **doktè pou'm te ka pran swen sila yo ki malad nan kominote ya.**

Nous coupons encore les arbres Papa. Maintenant, il n'en existe presque plus. Ça me rend très triste de les voir tombés, mais c'est le seul moyen par lequel maman arrive à **nous préparer à manger.**

Comment est ce que tu prépares tes repas? Les gens mangent-ils au paradis?

Jiskaprezan Papa, nou ap koupe pye bwa. Preske pa rete ankò. Sa fè'm mal anpil lè n'ap koupe yo, men se konsa sèlman manman rive **fè manje pou nou.** Kijan ou prepare manje pou'w manje nan syèl la? Eske moun manje nan paradi menm jan ak isit sou latè?

Maman passe toute la nuit au marché, à Port au Prince. Elle retourne à la maison avec **toute sorte de sucreries**. L'année dernière, des hommes en masques sont partis avec tout son argent lorsqu'elle revenait du marché. De ce fait, nous n'avons rien reçu pour Noel et le Nouvel An.

Manman pase tout nwit lan nan mache y'a lavil. Lè l'ap retounen li pote **anpil bonbon.** Lane pase, yon seri de mesye ak mas nan figi yo, atake'l epi ale avèk tout ti lajan li te genyen sou li. Se sak fè li pat ka bannou anyen pou Nwèl la ak tout Premye Janvye.

Je n'attire jamais les ennuis, car je fais toujours mes tâches ménagères et ne joue **qu'après les avoir terminées.** Tu travailles là-haut? As-tu des amis? A quoi ressemble le paradis?

Mwen toujou evite dezagreman. Mwen jwe **aprè'm finn fè travay kay.** Eske moun travay nan syèl? Eske ou gen zanmi anwo wa? Ak kisa paradi ya sanble?

En classe, l'odeur des pâtés m'empêche de me concentrer sur mon travail. Au cours de la récréation, je déguste de la **canne à sucre** comme dessert. J'aime le gros bout de canne, mais les fibres me collent entre les dents.

Lè'm nan klas, sant pate machann yo anpeche'm travay. Lè'n nan rekreyasyon, mwen renmen manje **kann** kom desè. Mwen renmen sak gen gwo ne yo, men pay kann yo konn kole nan dan'm.

Gabriel et moi jouons aux billes avec les autres garçons du village. Je préfère les grosses billes bleues, celles qui ressemblent à un **oeil de chat.**

Mwen menm ak Gabriel, nou jwe mab avèk lòt ti mesye yo. Mwen pi renmen bèl chelèn ble yo, sak sanble ak **je chat yo.**

Gabriel a terminé ses études primaires au village. Maintenant pour ses études secondaires, il parcourt une distance de trois heures de marche pour se rendre à sa nouvelle école avec **un sac à livres** au dos, et sur sa tête, les légumes qu'il transporte au marché.

Gabriel fini ak tout klas primè l yo wi. Kounya, pou'l ka ale lekòl segondè, se twa zè de tan wi li fè ap mache. Defwa lè'l pral lekòl, li pote yon sak liv nan do'l epi yon sak legim sou tèt li.

Avec ces livres, j'apprendrai de nouvelles choses chaque jour Papa. Je **continuerai à gravir** jusqu'au sommet des montagnes.

Je ne suis plus un gamin, Papa.

Papa, avèk liv sa yo, m gen pou'm aprann anpil bagay chak jou. M'ap **kontinye monte** jiskaske m rive sou tèt mòn nan.

M finn grandi nèt Papa.

Quelques mots de l'auteur aux lecteurs

Tu es le portrait craché de ton père me rappelait toujours ma grand-mère. Il était, comme elle, médecin traditionnel ou guérisseur (doktè fèy). J'étais encore petit lorsque j'entendais les gens dire, si je suis encore en vie, c'est grâce à Dieu et à ton père.

De ce fait, j'ai résolu à un très jeune âge d'être ce même serviteur qu'a été mon père, suivre ses traces mais, dans mon cas, devenir un vrai médecin. C'était un rêve fou. Personne avec un minimum de bon sens aurait voulu croire qu'un petit orphelin de père, petit cultivateur, transporteur de légumes, venu des bois et des montagnes (nèg mòn, nèg an deyò) de Qui-Croit, pourrait rêver de cette prestigieuse profession. Vingt ans plus tard, j'y suis revenu comme étudiant en médecine pour organiser des cliniques mobiles. Après avoir obtenu ma licence de médecine, j'ai fondé "Words In Action" et construit la première clinique communautaire de la zone.

L'éducation étant le pilier dans cette démarche de lutte contre la pauvreté et de l'épanouissement de soi, j'ai aussi décidé de retourner pour encourager entre-autre, ces enfants qui ont encore aujourd'hui les mêmes défis. Si je le pouvais, eux aussi ils le peuvent. Il suffit d'y appliquer l'effort nécessaire.

À travers "Words In Action", on a pu sponsoriser les frais de scolarité de plus d'une centaine d'élèves annuellement. En 2022, on avait 12 étudiants à l'université, en médecine, sciences infirmières, sciences de l'éducation et en agronomie avec comme objectif de revenir et investir leurs connaissances dans leur communauté. La conjoncture politique et sociale malheureusement a ralenti notre course car nos étudiants n'ont eu que quelques mois de classe de 2021 à 2023.

J'écris des livres pour enfants destinés à lever des fonds pour soutenir le programme d'éducation. Un autre objectif personnel est de reconstruire mon école primaire à Qui-Croit, qui est pour le moment dans un état déplorable. Nous souhaitons aussi ajouter la section secondaire, ce qui

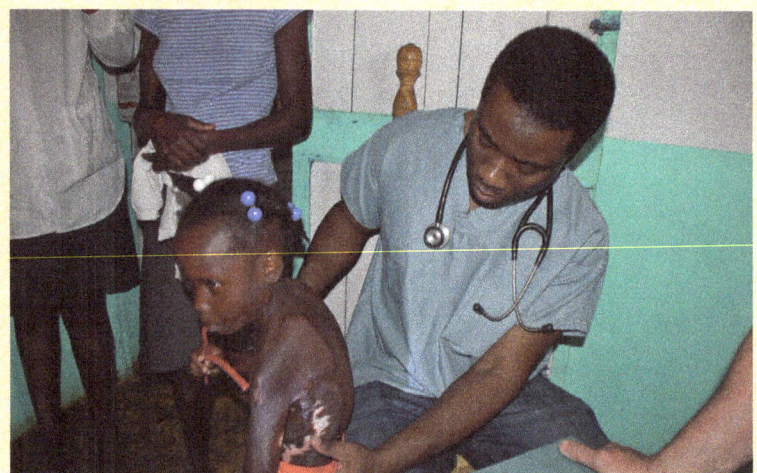

Fillette de 8 ans ayant eu une grave brûlure. Elle a subi plusieurs interventions chirurgicales à Shriners, Boston.

Des patients assis dans la salle d'attente de la clinique Communautaire de Words In Action.

permettra d'éviter les trois heures de marche jusqu'à Kenscoff, où se trouve celle la plus proche, mais aussi pour éviter que des enfants soient forcés de laisser leurs parents, comme j'ai du le faire à l'âge de 12 ans.

Le problème d' hygiène est préoccupant dans presque toutes les écoles en Haiti et l'accès à l'eau potable est presqu'inexistant. J'espère un jour lancer une campagne nationale en vue de promouvoir et de rendre obligatoire, la construction de toilettes qui respectent les règles élémentaires d'hygiène dans toutes les écoles et plus particulièrement celles dans les zones les plus défavorisées. Tout le profit généré par la vente de mes livres pour enfants sera alloué à notre programme d'éducation.

Encourager nos enfants et jeunes à poursuivre une éducation représente le seul moyen par lequel, les générations à venir parviendront à subsister. Il revient à nous, d'établir maintenant, une societe basée sur la justice sociale, l'égalité , et l'amour de la patrie; cet heritage précieux acquis par le sang de nos ancêtres. Ce pays appartient à tous les Haitiens, et nous avons tous le droit d'y vivre en toute dignité.

Moi, en face de mon école primaire à Qui Croit en 2013.

Etat actuel de mon école primaire en 2023.

Le plan de la nouvelle école.

À ceux qui veulent contribuer, visitez le www.wiahaiti.org. Vous pouvez aussi visiter notre page Facebook, Words In Action/Facebook pour tout dernier developpement.

Photos de Claude et de son frère Gabriel

À propos de l'auteur

Claude Louis vit à Virginia, USA, avec sa femme et ses quatre enfants. Il est le fondateur de "Words In Action", une organisation non-gouvernementale qui travaille dans le domaine de la santé et l'éducation à Qui-Croit et les zones avoisinantes. Médecin de profession, Dr. Louis revient en Haiti 3 à 4 fois par année pour procurer des soins à ses patients. Une autre passion consiste à encourager les enfants et les jeunes dans l'acquisition d'une éducation de qualité, une démarche qui leur permettra de devenir des leaders chargés d'investir leur savoir pour l'avancement de leur communauté et le pays.

À propos de l'illlustrateur

Junior vit à Pétion-Ville, Haiti. Il a commencé à dessiner à un très jeune âge. Il a grandi et a appris beaucoup de chose de son grand frère artiste. Après ses études, il est devenu très connu dans le monde artistique, ce qui lui a permis de prendre part à des expositions d'œuvres d'art sur le plan local en Haiti et aussi à l'étranger. Ses travaux sont exposés en France, aux USA, en Italie et en Corée du Sud.

www.ingramcontent.com/pod-product-compliance
Lightning Source LLC
Chambersburg PA
CBHW080627170426
43209CB00007B/1532